Le voyage du sac-à-cadeaux

N° 520

Le sac qui changeait la vie

Le voyage du sac-à-cadeaux

N° 520 Le sac qui changeait la vie

ChaDaNel Créations

Édition : BoD – Books on Demand, info@bod.fr
Impression : BoD – Books on Demand,
In de Tarpen 42, Norderstedt (Allemagne)
Impression à la demande

Illustration : photo de Clauderose

ISBN : 978-2-3224-3805-1
Dépôt légal : Juin 2022

À mes enfants,

Ils ont changé ma vie

Et lui ont donné son véritable sens.

Il y mit tant de temps, de larmes et de douleur
Les rêves de sa vie, les prisons de son cœur
Et loin des beaux discours, des grandes théories
Inspiré jour après jour de son souffle et de ses cris
Il changeait la vie

Jean-Jacques Goldman

Après ses aventures dans « N°144 Lucia » paru en 2020 et « N°503 Le sac d'Yvette » paru en 2021, Yvette est de retour et fait une découverte magique…

13 janvier, Yvette, le jour de sa fête

C'est parti pour la grande aventure ! Je viens juste de m'installer à la place du copilote, à bord du beau camion blanc. Bien sûr, comme d'habitude, je suis un peu inquiète, mais François est tellement rassurant que je me sens prête pour ce long voyage.

Comme par hasard, Jean-Jacques chante « *On ira* » à la radio. C'est bon signe. « *Loin des villes soumises, on suivra l'autoroute. Ensuite on perdra tous les nords...* »

À côté de moi, « mon » sac-à-cadeaux est prêt. C'est le n°503, sur lequel mon amie Jeanine a minutieusement brodé « Le sac d'Yvette » et dans lequel j'ai placé des présents pour Clauderose. Je l'ai copieusement rempli lors d'une promenade en amoureux au cœur de Wimereux. Nous avons choisi des biscuits artisanaux locaux (Pour les gourmands qui veulent tout savoir : ce sont des macarons à l'ancienne). Nous avons ajouté un beau coffret métallique contenant d'autres petits gâteaux au Spéculoos, ainsi qu'une grande serviette bleue décorée de poissons. Voilà qui devrait plaire à mon amie, qui apprécie de découvrir les spécialités locales sucrées en prenant une tasse de thé. Puisque nous allons directement chez Clauderose, j'ai prévu de noter le kilométrage réel sur la fiche de suivi, en arrivant là-bas. J'ai pensé à consulter le compteur avant de partir. Il ne me restera plus qu'à procéder de même en nous garant près de chez elle et à faire la soustraction.

À mes pieds, un carton plein de bouquins, que j'aimerais déposer dans une boîte à livres au cours du trajet, si possible facile d'accès. Grâce à une appli sur mon téléphone, j'étudie très consciencieusement les différents emplacements pendant que François se focalise sur la route. En voici une qui devrait convenir.

— François, j'en ai repéré une idéalement bien placée, enfin, je crois. Elle est située le long de la nationale. D'après ce que je vois sur l'application, c'est un grand parking, tu pourras t'arrêter facilement.
— D'accord, quel est le nom de l'aire de stationnement ?
— Elle s'appelle l'aire de Villefleur.
— Ça marche !

François gare notre poids lourd juste en face de la charmante maisonnette en bois, avec portes en plexiglas. Elle a l'air complètement vide. Mais, ça tombe bien, j'ai au moins une vingtaine d'ouvrages à laisser.

— Merci François, c'est fait ! Je crois que je vais me muscler à force de grimper et descendre du camion. Comme il y avait de l'espace, j'en ai profité pour les étaler. Maintenant, j'ai les mains glacées, j'aurais dû mettre mes gants.

— J'ai vu et tu as même ramassé une canette vide pour la jeter à la poubelle.

— Ah mince, j'ai été trop longue, c'est ça ? Désolée, pourtant j'ai fait au plus vite car j'avais froid.

— Mais pas du tout, ma chérie, nous avons tout notre temps. Il n'est pas question de se presser, tu as très bien fait. Ce qui me choque, ce sont tous ces gens qui balancent leurs canettes, mégots et déchets partout, sans se préoccuper de l'état de la planète.

— Oui, c'est honteux et bien triste. Je n'arrive pas à comprendre leur comportement. Ils jettent sûrement sans réfléchir, je ne vois pas d'autre explication. Dans le fond de la boîte, il y avait seulement un vieil exemplaire d'un Guy Des Cars tout déchiré, plus trop en état d'être lu, et en plein milieu, ce carnet. Il est joli, hein ?

— Oui, faut voir ça de plus près.

— En l'ouvrant rapidement, j'ai vu des trucs écrits et dessinés à la main et aussi beaucoup de couleurs alors je l'ai emporté. Il est gelé. Il m'intrigue ce petit cahier. Pendant la route, je vais avoir tout le temps de l'examiner attentivement. En attendant qu'il se réchauffe, je vais envoyer un message à Clauderose pour l'informer de notre heure approximative d'arrivée. Tu dirais vers quelle heure, toi ?

— Vers 15 h 30.

— OK. Ah mais non, il faut encore trouver un endroit pour garer le camion, sortir l'auto par le hayon et tout le bazar, ça va nous prendre du temps, t'imagines ?

— J'imagine très bien, tout est prévu, ce ne sera pas long. Si tu préfères, tu peux lui dire que nous y serons entre 15 et 16 heures.

— OK. Dis donc, ça va te faire drôle de passer de cette grande cabine de pilotage avec cet énorme volant à une voiture miniature. Tu vas avoir l'impression de conduire un jouet.

— L'avantage, c'est que toi, ma chérie, tu seras beaucoup plus près de moi.

— Ah le coquin, tu as tout prévu !

Quelques minutes plus tard, je pars à la découverte de chaque page du carnet avec émerveillement. Je me demande bien qui en est l'auteur et comment il est arrivé là. Je ne vois ni nom, ni date, ni signature. Lorsque François me voit brandir l'une des pages du carnet face au rétroviseur, il ne peut s'empêcher de réagir.

— Qu'est-ce que tu fais avec ce rétro ?

— J'ai besoin d'un miroir car c'est écrit à l'envers sur cette page.

— À l'envers ? Pourquoi ?

— Hihi tu regarderas toi-même tout à l'heure.

La curiosité de mon chéri est maintenant bien aiguisée. Alors, pour ne pas trop le faire patienter, je lis chaque phrase à haute voix et lui décris rapidement les différents dessins, motifs, collages, broderies, codes secrets, puzzle et styles calligraphiques, en attendant qu'il puisse le feuilleter lui-même lors de notre prochaine escale. On dirait que mon exposé a fait un drôle d'effet à mon François. Tout en fixant la route, il me lance des regards attendris.

— Que se passe-t-il mon chéri ?

— Il se passe que je réalise que j'ai failli entreprendre ce road-trip tout seul. Quelle erreur j'aurais commise mon Dieu… C'est un tel bonheur de le partager avec toi ma Vévette.

— Oui j'avoue, tu te serais obligatoirement ennuyé. Je te fais de l'animation !

— Tu es merveilleuse, je t'adore. Je ne sais plus si je te l'ai déjà dit.

— Oui ce matin, en te réveillant. Moi aussi, mon amour, mais concentre-toi bien sur la route, d'accord ? Ah ! Clauderose m'a répondu : « c'est parfait, je vous attends avec impatience. Je vous réserve une surprise. Bonne route ! À tout à l'heure. »

En effet, Clauderose ne nous a pas accueillis seule, car Séverine et Sophie étaient là aussi. Tadam ! Elles nous attendaient toutes les trois, satisfaites d'avoir manigancé cette surprise. Il faut dire qu'elles ont réussi leur coup, car nous ne nous y attendions pas du tout. Nous avons passé un très bon moment tous les cinq, en dégustant un thé au coin du feu.

Séverine a apporté une galette des rois, confectionnée par son parrain pâtissier. Elle nous a raconté que cet homme, qui lui est cher, a la particularité d'aimer faire plaisir à tout le monde. Il déteste l'injustice. Il place toujours une fève par personne dans ses galettes. Au diable la tradition !

Nous avons donc tous trouvé notre fève, nichée dans la pâte d'amande : j'ai découvert un cœur, et François a croqué dans un petit cupidon. Comme c'est romantique ! La galette était succulente.

Sophie nous a apporté à chacune un paquet de pralines croustillantes de sa fabrication. Nous avons donc fait le plein de gourmandises, beaucoup bavardé et bien rigolé ; nous avions tellement de choses à nous dire, en particulier au sujet des sacs-à-cadeaux.

D'ailleurs, mes trois amies avaient une autre surprise pour nous : le sac Lucia ! Mais, oui, le célébrissime sac 144 qui m'a naguère causé une si grande frayeur. Quelle joie de le retrouver ici !

J'ai été bien gâtée, et François aussi. Le sac contenait : pour François, le polar de Christophe Vasse, *Celle qui ne pardonnait pas*, ainsi qu'un joli bonnet noir tricoté (quel fou rire lors de l'essayage ! il nous a fait du spectacle). Pour moi, le roman de Lorraine Fouchet, *Face à la mer immense*, une magnifique écharpe réalisée au crochet, que je me suis empressée d'essayer et un torchon brodé avec un motif de camion rigolo et enfin pour nous deux, du miel de fleurs de Normandie et de la confiture faite maison.

Trop bien, je suis ravie. François est satisfait aussi, il est de plus en plus fan de ces sacs. Il m'a même demandé s'il pourrait s'inscrire sur une liste pour en recevoir un. Pourquoi pas ? Je ferai la demande à la prochaine occasion.

Lorsque j'ai raconté aux copines la surprenante découverte du carnet coloré, elles voulaient toutes le voir mais je l'avais malheureusement laissé dans le vide-poche du camion. Leur enthousiasme m'a cependant donné une idée… Je pourrais l'envoyer à Nelly dans le sac-à-cadeaux Lucia, ainsi elle pourra proposer une liste d'inscriptions et le faire voyager. Les différentes phrases qui y figurent pourraient peut-être aider des personnes qui n'osent pas opérer une transformation dans leur vie.

François trouve que c'est une bonne idée, il valide. C'est décidé, ce soir, j'écris un mail pour proposer le projet. Je vais d'abord photographier quelques pages du carnet, afin de lui montrer plus précisément de quoi il a l'air. C'est vrai qu'il vaut le coup d'œil. Ensuite, Il faudra juste que nous trouvions un bureau de poste pour y acheter une enveloppe d'expédition renforcée de papier bulle. Ce serait dommage de l'abimer.

Je ris sous cape, en pensant à la tête de Michel, mon mari, si je lui avais demandé une chose pareille. Dans quelques semaines, quand le divorce sera définitivement prononcé, je pourrai enfin le considérer comme mon ex-mari. Sans aucun doute, il aurait déjà déchiré toutes les pages en mille morceaux et aurait tout jeté par la fenêtre illico, en criant et en ajoutant ainsi sans scrupule aucun, des déchets dans la nature.

Je regarde cet objet insolite, un sourire en coin, comme pour lui signifier qu'il l'a échappé belle. Le divorce lui a, lui aussi, sauvé la vie.

De retour dans notre « chez-nous-mobile », je prépare une petite soupe rapide pendant que mon homme s'occupe de ranger la voiturette dans le coffre. Ensuite, nous pourrons nous installer sous la couette : François avec son nouveau polar, qu'il a hâte de commencer à lire, et moi avec l'ordinateur portable pour rédiger l'email.

Chère Nelly,

J'ai enfin pris le temps de m'occuper du sac-à-cadeaux n°503, c'est-à-dire le mien, « le sac d'Yvette ». Bry me l'avait envoyé fin octobre et j'attendais d'avoir une bonne occasion de faire des cadeaux. Il faut dire aussi que depuis quelques mois, ma vie est assez mouvementée. Quand j'y repense, je suis persuadée que c'est la réception de ce sac-à-cadeaux qui a tout déclenché…

Je te raconte : en fait, la livraison du colis a fait éclater une violente dispute entre Michel et moi. Il détestait que je reçoive et que j'envoie des cadeaux à des personnes que je ne connaissais pas « en vrai ». Je t'épargne les détails, mais de fil en aiguille, nous avons décidé de divorcer à l'amiable.

À la même période, j'ai repris contact avec François, mon amour de jeunesse. Il avait prévu de partir en voyage en camion aménagé écolo, à travers la France, et je l'accompagne en ce moment même. Aujourd'hui, nous avons rendu visite à Clauderose en Normandie. C'était une superbe rencontre. Sophie et Séverine étaient là également. J'ai remis le sac n°503 à Clauderose, je te joins la photo avec les cadeaux. J'ai noté 239 km sur la fiche. Les copines se sont liguées pour m'offrir le légendaire sac n°144 Lucia. J'étais contente de le retrouver, en particulier après les péripéties qu'il m'a fait vivre il y a deux ans. J'ajoute la photo des cadeaux en pièce jointe. Les kilomètres sur la fiche ne sont pas notés car c'est une remise en main propre. Comment fait-on dans ce cas-là ? Il faut inscrire combien de mètres ?

À propos du sac Lucia, j'ai une idée à te soumettre. J'ai trouvé un super carnet décoré dans une boîte à livres juste après notre départ de Wimereux. Il est réellement étonnant. Je t'envoie une photo d'une des pages pour que tu puisses visualiser. Serais-tu d'accord pour le faire voyager dans un sac-à-cadeaux ? Si oui, je te l'envoie prochainement dans le sac Lucia. Si non, je le replacerai dans une autre boîte à livres.

Dans l'attente de ta réponse, j'éteins l'ordi pour ce soir car je suis épuisée de cette première journée de voyage.

Bonne nuit,

Yvette.

PS : Pourras-tu STP inscrire François au voyage du sac-à-cadeaux n° 157, « le voyage des miss » ? merci.

14 janvier, à bord du camion

La première nuit nomade a été un peu agitée. Il faut un peu de temps pour s'habituer à un nouveau lit. Cela ira déjà mieux demain. Au moment de me coucher, j'étais à la fois très fatiguée et énervée de la rencontre entre copines. Nous avons tellement ri et papoté !

François, par contre, a beaucoup lu et a extraordinairement bien dormi. Il est frais comme un gardon. C'est le principal, puisque c'est lui qui conduit.

J'ai donné rendez-vous en visio à mon amie Jeanine de bon matin car je lui ai promis de lui donner de nos nouvelles au plus vite. Nous avions l'habitude de nous voir plusieurs fois par semaine. Elle va beaucoup me manquer. Ah, j'ai reçu la réponse de Nelly. Voyons...

Bonjour Yvette,

C'est étrange, lorsque j'ai une notification d'un email de ta part et qu'au premier coup d'œil, apparaît une longue prose, je me dis qu'il t'est arrivé des trucs incroyables ! Tu ne t'ennuies jamais, n'est-ce pas ?

Je te remercie pour ces nouvelles rocambolesques, pour les photos et pour les kilomètres, que j'ai bien enregistrés.
Pour la remise en main propre du sac Lucia, il faut noter « 1 km » sur la fiche, c'est la distance officielle minimale pour un voyage de sac. C'est ce qu'on écrit par exemple lorsqu'on offre un cadeau à un membre de sa famille résidant dans la même maison. C'est l'option que j'ai choisie pour faciliter mes comptes, car ajouter les mètres et les centimètres serait trop compliqué (nous en

sommes presque à 4 millions de kilomètres parcourus en tout).

D'après la photo, le carnet me semble très intéressant. S'il s'agit à chaque page d'un message de type « développement personnel », ce serait sensationnel, et je me ferais une joie de le faire voyager et d'en faire profiter d'autres personnes. Tu peux l'envoyer à mon adresse habituelle, je te remercie beaucoup.

J'ai inscrit ton amoureux au n°157. C'est à ce jour le sac qui a effectué le plus grand nombre de voyages. François se situe dans la liste juste après Catherine. Je lui dirai de te contacter pour que tu lui indiques une adresse de livraison ou un relais colis, selon l'endroit où vous vous trouverez à ce moment-là.

Je te souhaite une bonne journée & un excellent voyage.
Bisous
Nelly

Oh ça sonne, voici Jeanine pour la conférence. Quelle chance de pouvoir profiter de tous ces équipements modernes à notre époque.

— Bonjour Jeanine !

— Bonjour Yvette, j'étais pressée de te voir. Comment ça se passe avec le camion ? Tout va bien ? Tu t'habitues à tous les équipements écolos ? Vous êtes où ? Tu n'as pas bonne mine ! Tu es sûre que ça va ? Tu n'es pas malade ? Et François ?

— Oui, super. C'est seulement que j'ai mal dormi, mais je vais avoir le temps de me rattraper pendant la route. Je ferai la sieste cet après-midi en roulant.

— Tu as bien raison, tu n'es pas en grande forme.

— Pas de soucis, ça ira mieux dans quelques jours. Les aménagements écolos du camion fonctionnent très bien : nous avons de l'eau chaude et du chauffage si besoin. Il faut prendre de nouvelles habitudes, mais je suis motivée, c'est pour la bonne cause.

— Super, et sinon, quoi de neuf ma belle ?

— Regarde le superbe carnet que j'ai trouvé par hasard dans une boîte à livres !

— Je ne vois pas bien les détails d'ici, c'est un carnet de voyage ? On dirait qu'une phrase est écrite sur chaque page.

— Oui, ce sont des conseils pour améliorer sa vie.

— C'est chouette. Mais ce n'est pas pour toi ! Ta vie s'est déjà drôlement bien améliorée ces derniers mois. Tu peux difficilement faire plus d'un seul coup.

— Tu crois ? Regarde, par exemple sur cette page, il est écrit : « je fais 20 minutes d'activité physique quotidienne ».

— Oh alors, tu vas faire du sport ?

— J'ai déjà commencé ! Rien qu'à descendre et monter du camion, je fais du step et de l'escalade plusieurs fois par jour.

— Ha ha, c'est un bon début, en effet ! Mais vas-y mollo au début, sinon, tu vas te faire un tour de reins, ma vieille.

— Très drôle ! Je vais l'envoyer à Nelly pour le placer dans un sac-à-cadeaux et pour en faire profiter les copines. Si l'auteur l'a déposé là, c'est qu'il avait envie d'en faire profiter d'autres personnes.

— Cool, je vais surveiller le blog de près pour m'inscrire, alors.

— Voilà, impec. Tu reçois bien les notifications du blog maintenant ?

— Oui très bien quand mon ordinateur accepte de fonctionner.

— Ah bon ? Il est déjà en panne ? Pourtant il est tout neuf !

Jeanine affiche soudain une mine coupable de petite fille qui n'ose pas avouer une bêtise. Devant mon insistance, elle finit par cracher le morceau.

— Pas vraiment en panne mais disons qu'il ne m'obéit pas facilement. Hier, pas moyen de mettre mon mot de passe à l'allumage. C'est Alain qui a trouvé la solution : il fallait déverrouiller les majuscules.

— Hihi mais oui. Il est trop fort ton mari, surtout qu'il n'a jamais fait d'informatique.

— Oh tu sais, Alain, dans toutes les circonstances, même sans s'y connaître, il reste calme, analyse la situation, cherche le pourquoi du comment (pendant que je trépigne dans son dos) et trouve la solution.

— Il te faut encore un peu de temps pour découvrir toutes les astuces.

— Tu as sûrement raison, mais pour l'instant je m'énerve quand ça ne fonctionne pas instantanément.

— Je te préviens, tu vas bientôt voir apparaître un article au sujet du sac d'Yvette et du sac Lucia, car j'ai envoyé les photos à Nelly hier.

— Le sac Lucia ? Celui que tu avais accroché à un panneau ? une ville avec un nom joyeux ?

— Exactement c'était Lamontjoie ! Mais cette fois-ci, je ne prends pas de risque, je vais l'envoyer à Nelly avec le carnet.

— Ouf ! Il est grand temps d'arrêter les acrobaties Yvette !

— Exactement. Je te laisse car je vais déjeuner et me préparer pour reprendre notre périple. François te passe le bonjour ainsi qu'à ton homme. Au fait, je l'ai inscrit au « voyage des miss ».

Jeanine éclate de rire en imaginant François en maillot de bain une pièce à paillettes avec une écharpe régionale en bandoulière.

— Mais non ? Il n'a pourtant rien d'une miss ! Pourquoi as-tu fait ça ? parvient-elle à répondre en épongeant des larmes de joie.

— Tu te marres mais c'est lui qui a voulu s'inscrire. Nous avons choisi ce sac-là à cause du principe rapide : tu reçois le sac avec trois livres, tu les gardes et tu en envoies trois autres à la personne qui est inscrite après toi. Tu peux aussi ajouter des cadeaux. Je l'ai déjà reçu il y a quelques années, j'avais bien aimé. Rien à voir avec un concours de beauté, c'est juste le nom du sac, tu vois ?

— Oui, je vois, pfff encore de la lecture…

— Eh oui, c'est notre passion. En ce moment, je lis un roman de Dominique Van Cotthem, j'adore.

— Mais comment allez-vous faire pour recevoir le sac ? Vous n'avez pas d'adresse fixe.

— Nous choisirons un relais colis en fonction du lieu où nous nous trouverons ce jour-là, tout bêtement. Allez, j'y vais. Bonne journée.

— Bonne journée les amoureux !

— Bisous, à bientôt !

2 février, Jeanine a réussi à se connecter au blog

Oh voici une nouvelle notification du blog des sacs. C'est une proposition d'inscription pour recevoir un sac-à-cadeaux. Je ne l'ai jamais vu celui-ci. Le numéro 520, ce doit être le tout dernier-né, alors. Il est chouette, son nom est joliment brodé. Il me semble reconnaître le carnet que m'avait montré Yvette.

Hello les amis, avec la complicité d'Yvette, je vous propose de vous inscrire à un nouveau sac-à-cadeaux. Il s'agit du N°520 Le sac qui changeait la vie. Cette fois-ci, ce n'est pas un roman que vous trouverez entre ses anses, mais un joli carnet dans lequel sont notées des suggestions pour améliorer votre vie.

Pour les personnes inscrites, il s'agira de :
- recevoir le sac
- garder les cadeaux
- feuilleter le carnet et s'en inspirer
- placer de nouveaux cadeaux dans le sac (par exemple : objets faits main, livres sur le thème du développement personnel, santé, bien-être, etc.)
- remettre le carnet dans le sac

- envoyer le tout, sous deux semaines maxi à la personne qui vous suivra dans la liste.

- nous raconter si la lecture du carnet a changé votre vie et de quelle façon.

Merci de vous inscrire ci-dessous en commentaires, comme d'habitude.

Cinq personnes se sont déjà inscrites (quelle rapidité !) : Manon, Denise, Isabella, Marie et Nausicaa. Clauderose a mis un commentaire aussi, mais elle ne souhaite pas s'inscrire :

« Bravo Yvette et Nelly, c'est une bonne idée. Par contre, à mon âge, je n'ai plus l'intention de changer grand-chose à ma vie, alors je vais laisser la place aux autres. Je vais plutôt suivre ses aventures. Bonne route au sac n°520 ! »

Allez hop, je m'inscris. Je ne sais pas si j'ai envie de changer ma vie, mais en tous cas, je voudrais bien voir ce carnet de plus près ; Yvette était tellement enthousiaste.

« Bonjour j'aimerais partici »

Mince, j'ai validé… C'est malin, je n'avais pas fini ma phrase. Tant pis, je recommence.

« Bonjour, j'aimerais participer au voyage de ce sac. Pouvez-vous m'inscrire SVP ? Merci Jeanine. »

En principe, d'après mes calculs, je devrais le recevoir en avril ou en mai. Je vais noter cette info tout de suite dans mon agenda pour ne pas oublier.

3 février, Jeanine consulte ses mails

Mail d'Overblog : « Vous avez reçu une réponse de Nelly à votre commentaire sur N°520 Le sac qui changeait la vie : inscriptions. »

— merci Jeanine, je t'inscris avec plaisir. Nausicaa te contactera au moment venu pour avoir ton adresse.

Mail d'Yvette : « bonjour Jeanine, comment ça va ? Nous sommes chez Pascal, un copain qui était en contact avec François sur un forum d'aventuriers-bricoleurs, comme lui. Nous y restons plusieurs semaines car François lui donne un coup de main pour finir son camion. Ils s'entendent super bien et font du bon boulot ensemble, ça avance vite.

Pendant ce temps-là, je ne lambine pas, au contraire j'ai beaucoup d'occupations. Entre autres, je fais le marché et la cuisine, car Pascal se contente habituellement de sandwichs ou de plats surgelés. C'est un ancien cuisinier qui a rendu son tablier pour explorer la planète. Il est ravi de notre visite. J'ai vu que le carnet allait bientôt partir chez Manon, c'est chouette. Tu vas devoir attendre un peu avant de le recevoir mais c'est agréable aussi de suivre ses péripéties. Je retourne à ma lecture !

Bonne journée,
Bisous
Yvette. »

C'est parti ! Le sac-à-cadeaux n°520 a pris la route. Pour ce premier voyage, il contient donc notre carnet et des cadeaux destinés à Manon, la première personne inscrite. Dans la poche cousue à cet effet, se trouve la fiche de suivi, à remplir à chaque trajet par les différents participants.

20 février Message de Manon

Tout d'abord un grand merci pour les cadeaux : la trousse avec mon prénom brodé me plaît beaucoup. Elle m'accompagne désormais chaque jour au bureau. Le roman *La Dame d'Argile* de Christina Moreau devrait m'intéresser, je ne connais pas encore cette auteure. J'ai hâte d'en commencer la lecture. Merci aussi pour le chocolat bien sûr, qui a déjà disparu.

Je voulais surtout vous dire que le sac n°520 est excellent, il m'a rendu un sacré service. Je vous explique : depuis des mois, voire des années, je me disais qu'il faudrait que j'arrête de fumer mais sans jamais passer à l'action.

Or, la phrase que j'ai lue dans le carnet m'a bizarrement tout de suite interpellée :

« Aujourd'hui, je décide d'être un non-fumeur ».

En effet, ce n'est pas tout à fait la même chose que la traditionnelle utopie « je voudrais arrêter de fumer ».

En lisant la phrase, je me suis dit : si j'étais une non-fumeuse, ce serait très simple, je ne fumerais pas. Du coup, la question d'arrêter ne se poserait pas. Alors, c'est décidé, je suis une non-fumeuse. Je me suis répété ce slogan pendant toute la journée. Je l'ai même inscrit sur plusieurs post-it, répartis dans l'appartement.

Pour m'aider à tenir bon, j'ai tout de même pris rendez-vous au centre d'hypnose anti-tabac, dont j'ai les coordonnées depuis longtemps sur un vieux post-it tout corné : j'y vais demain matin. Instantanément, cette décision m'a mise de bonne humeur. J'y crois très fort, même si c'est super difficile.

Un grand merci à Yvette pour cette trouvaille et pour l'auteur du carnet ! Mon mari, qui jusqu'à présent ne trouvait pas grand intérêt à ces sacs mystérieux, la remercie également. Le calcul a été vite fait pour lui : un paquet de cigarettes à dix euros par jour, va nous faire une économie de 3650 euros par an. C'est énorme ! Il voudrait les investir dans un side-car ; ce qui rend notre fils heureux aussi.

Bisous.

Manon

PS1 : J'ai envoyé un message à Denise. Le sac est prêt à repartir, il ne me manque plus que son adresse.

PS2 : J'ai décidé d'être une non-fumeuse.

27 février Message de Denise

Bonjour, j'ai bien reçu le sac N°520. Comme vous pouvez le voir ci-joint sur la photo de la fiche de suivi, il a effectué 389 kilomètres. Je remercie Manon pour ses cadeaux mais je ne les ai pas gardés, je les ai laissés dans le sac. Le roman de Laurent Gounelle que j'ai reçu ne m'intéresse pas du tout, je ne bois pas de thé et ne mange jamais de chocolat au lait aux noisettes. Je préfère le bon café et le pur chocolat noir. Quant au carnet, j'ai pris la peine de feuilleter les premières pages mais je l'ai refermé rapidement. Je me demande qui pourrait se permettre de m'imposer ces pseudo-changements. Ne suis-je donc pas libre de mener la vie que je souhaite ? Pourquoi devrais-je obéir à une telle dictature du bien-être et du bien-penser ?

Dans quelques jours si, pour une fois, La Poste fait bien son travail, Isabella recevra le sac tel que je l'ai reçu, et auquel j'ai ajouté quelques cadeaux, bien sûr. J'espère qu'ils lui feront plaisir.

Il s'agit là de ma troisième et dernière participation aux sacs voyageurs. Le principe m'avait plu au départ mais dans la pratique, j'ai été plutôt déçue. Je trouve que les règles concernant les cadeaux et le délai d'expédition ne sont pas assez strictes. Certaines personnes attendent des mois avant de procéder à l'expédition, et parfois pour envoyer quelques cadeaux minables, récupérés au fond d'un tiroir. Je ne me réinscrirai donc pas. Je vous souhaite bonne continuation à tous.

Denise

1er mars, des nouvelles d'Yvette

— Hello Jeanine

— Salut Yvette, comment vas-tu ? Toujours en Normandie ?

— Formidable, le séjour chez Pascal s'est fort bien passé, il est très sympa, les hommes ont bien bossé. Pascal a pris la route ce matin à bord de son engin, en direction de l'Espagne, et ensuite il passera par le détroit de Gibraltar et dans plusieurs pays d'Afrique.

— Eh ben, quel baroudeur !

— Oui, il est parti pour au moins trois ans.

— Et vous ?

— Nous sommes en Bretagne depuis deux jours.

— Ah oui ? Un autre pote par-là ?

— Non, François avait noté dans son planning au 28 février une opération « cleanwalker » à Rennes.

— Une opération quoi ?

— « Cleanwalker » c'est une association qui organise des journées de ramassage de déchets dans les villes ou sur les plages par exemple. Les bénévoles se réunissent autour de l'organisateur avec des gants, des sacs poubelle et de la motivation et ils font place nette.

— OK alors, tu y as participé aussi, je parie !

— Oui bien sûr, j'en ai encore des courbatures. En réalité c'est très sportif. Heureusement nous avions des pinces pour éviter de nous baisser sans cesse car les déchets ne manquaient pas.

— Ah bon ? Vous avez trouvé quoi ?

— Le groupe a amassé des centaines de canettes et de bouteilles, des milliers de mégots, des paquets de cigarettes, des emballages de toutes sortes, beaucoup de plastique et même une cafetière, un fauteuil, des piles, un caddie rouillé, un pull et j'en passe. Une jeune fille a trouvé une pièce de deux euros. Elle a été récompensée pour ses efforts. Nous avons rempli une trentaine de grands sacs.

— Quel courage ! Tu n'as pas eu trop froid ?

— Non ça va, la journée était ensoleillée et la température agréable pour la saison. Mais c'est fou ce que les gens sont sales et irrespectueux, je ne pensais pas que c'était à ce point. C'est pourtant si simple de déposer ses déchets dans une poubelle, franchement, c'est désespérant de voir ça.

— C'est super, vous avez fait une bonne action, bravo les amoureux !

— Heureusement que nous pouvons nous doucher dans le camion, car après une telle journée, c'était indispensable.

— Tu m'étonnes…

— En tous cas, aujourd'hui, c'est repos, nous l'avons bien mérité. Ce matin, j'en ai profité pour regarder le blog. C'est la raison de mon appel d'ailleurs.

— Oh oui, tu as vu le message de Denise ? Elle n'est pas commode et à mon avis, elle ne doit pas nager dans le bonheur.

— Clairement pas ! Nelly vient de lui répondre qu'elle a tout à fait raison de ne plus participer, si le concept ne lui convient pas.

— Voilà, et d'ailleurs en décidant d'arrêter de participer, elle a changé sa vie quand même.

— Mais oui, c'est vrai, en fait ! Moi, j'ai seulement répondu à Manon pour la féliciter de sa décision d'arrêter de fumer, c'est vraiment une merveilleuse nouvelle. Cela fera des mégots en moins à ramasser.

— Oui tu as bien fait, je vais ajouter un commentaire aussi pour l'encourager. C'est miraculeux. J'ai hâte de recevoir ce carnet moi aussi.

— Tu verras comme il est extra. Tu vois, même si, pendant la totalité de son voyage, il permettait à une seule personne d'arrêter de fumer, ce serait déjà une belle victoire, je trouve. Franchement, je m'en réjouis !

— Oui tu peux ! Je te laisse car Alain vient de rentrer du foot. Nous allons nous mettre à table. À plus copine ! Bisous

5 mars Nelly & Isabella

— Hello Isabella, j'espère que tu vas bien. J'aimerais savoir si tu as bien reçu le sac-à-cadeaux n°520. Denise vient de me signaler qu'elle a vérifié le suivi sur le site de La Poste. Elle a constaté que le colis est bien livré chez le destinataire, mais elle n'a pas eu de tes nouvelles pour lui confirmer la réception. Peux-tu nous tenir au courant STP ? Merci. Nelly

— Coucou Nelly, oui, ne t'inquiète pas, le colis est bien arrivé. Le souci, c'est qu'il est toujours dans ma boîte-aux-lettres. Il s'agit d'un gros colis et je n'ai pas encore réussi à l'extraire.

— Ah bon ? Tu veux dire qu'il est bloqué ? Mais comment est-ce possible ? Si le colis y est entré, il doit bien pouvoir en sortir ?

— Hihi oui, je sais bien, c'est logique, mais c'est un truc de ouf. Le facteur a la possibilité d'ouvrir toutes les boîtes-aux-lettres en même temps grâce à une grande porte. C'est plus pratique pour lui. Mais quand les paquets sont très gros, ils ne passent pas par les ouvertures individuelles de chaque casier. Tu vois ce que je veux dire ? Le paquet est coincé.

— Mince, comment vas-tu faire pour le sortir ?

— J'aurais bien voulu harponner le facteur lorsqu'il passe, mais je suis toujours au boulot à cette heure-là. Ce matin, un gars qui vient d'emménager dans l'immeuble m'a vue en train de me griffer les mains pour essayer de tirer dessus. Il m'a proposé son aide. Ce soir, il va venir avec un cutter pour découper le carton, car ce matin, il était pressé.

— Cool, cela devrait s'arranger alors. Il est sympa ton voisin.

— Grave. J'espère surtout qu'il est délicat et qu'il ne va pas charcuter le sac et les cadeaux en même temps. Je te raconterai ce soir. Je vais déjà envoyer un message à Denise pour la rassurer. Je te souhaite une bonne journée. À plus !

7 mars Nelly & Isabella

— Hello Isa, des nouvelles du colis ?

— Désolée, j'ai complètement oublié de te prévenir. Il faut dire qu'il m'est arrivé un truc de dingue. Mais, je te rassure, le sac n°520 est en ma possession, avec le joli carnet et les cadeaux de Denise. Thomas (c'est mon voisin) a fait bien attention en découpant l'emballage. Le sac est intact. Denise a joint une lettre pour me dire qu'elle me laissait les cadeaux de Manon. C'est gênant, je trouve. Je ne sais pas comment réagir. Peux-tu me dire ce que je dois faire ?

— C'est une bonne nouvelle, merci Isa. Si les cadeaux offerts initialement par Manon te plaisent, tu peux les garder sans aucune gêne. Manon connait la décision de Denise et serait ravie de te faire plaisir. Peux-tu me dire combien de kilomètres sont notés sur la fiche de suivi STP ?

— Ah oui, je voulais aussi te parler de la fiche. Elle n'est pas dans la poche du sac. J'ai bien regardé partout, plusieurs fois, pas de fiche nulle part.

— Mince, je vais demander à Denise si elle l'a bien remise dans le sac et je te tiens au courant.

— Je peux le faire si tu veux. J'ai prévu de lui envoyer un message de remerciement car j'ai été vraiment bien gâtée.

— D'accord, merci Isa. Au fait, tu ne m'as pas dit quel est le truc incroyable qu'il t'est arrivé ? (Sauf si c'est un secret bien sûr…)

— Oh non, ce n'est pas un secret. C'est plutôt de la magie. Il s'agit de Thomas, mon voisin. Non seulement il est délicat, beau gosse, mais il est aussi célibataire. Lorsqu'il a procédé à l'extraction du carton, armé de son cutter, nous étions tellement morts de rire tous les deux qu'il m'a proposé de sortir boire un verre. Comme il était tard et que j'étais fatiguée de ma journée de folie au bureau, sa proposition de verre s'est transformée en mug de thé dans son salon. J'ai commencé par lui expliquer le principe du sac. Nous avons feuilleté le carnet ensemble, il nous a captivés. Nous avons regardé tous les cadeaux. Il était grave intéressé par le roman de Gounelle, alors je le lui ai prêté. Nous n'avons pas vu le temps passer et avons discuté pendant une partie de la nuit. C'était un savoureux moment hors du temps. Nous avons rendez-vous ce week-end pour que je lui fasse visiter le quartier.

— Incroyable, tu as raison, c'est fabuleux ! J'ai l'impression que tu es heureuse d'avoir reçu ce sac, non ?

— Exactement. Cependant, je suis prudente car j'ai été souvent déçue en amour, alors, pas de plan sur la comète cette fois-ci. Je préfère profiter de chaque instant. Ce sera déjà bien d'avoir un voisin amical et serviable. Je te tiendrai au courant de l'évolution, car cette rencontre, c'est indirectement grâce à toi !

— Je crois que c'est la magie du sac-qui-changeait-la-vie, Isabella. Ce carnet semble véritablement porter chance. Selon l'issue de ce coup du destin, et lorsque tu seras prête bien sûr, tu pourras raconter ton histoire sur le blog, cela fera plaisir à Yvette.

— Ouaip ! Je l'admets, j'ai hâte de retrouver Thomas samedi. J'espère même le croiser « par hasard » d'ici là dans l'immeuble. Pour l'instant, je ne l'ai pas revu mais il m'a dit qu'il était très pris par son travail. Il est scénariste pour une série télé.

— D'accord, je suis absolument ravie pour toi. Tiens-moi au courant pour la fiche de suivi et le kilométrage s'il te plaît.

— OK, y a pas de lézard. À qui dois-je envoyer le sac ensuite ?

— À Marie. Je lui demande de te contacter pour te communiquer son adresse postale. À bientôt. Bonne soirée et surtout bon week-end !

8 mars

Mais où se trouve donc la fiche de suivi ? Denise est convaincue de l'avoir bien replacée dans la poche du sac après avoir noté une distance de 601 kilomètres. Elle en mettrait sa main à couper. Elle a sommé Isabella de revérifier en ouvrant bien les yeux. Mais, Isa est sincèrement désolée, elle est même retournée voir dans sa boîte aux lettres et dans le hall de l'immeuble, elle n'a indubitablement pas reçu cette fiche.

Finalement, en voulant scanner ses tickets de caisse, Denise l'a retrouvée dans son imprimante ! Mais oui, elle l'avait numérisée et oubliée dans l'appareil : le coup classique ! Errare humanum est. Grâce à l'efficacité de La Poste, Denise a pu faire parvenir rapidement la fiche à Isabella, accompagnée d'un message d'excuse laconique.

Isa a profité de ses balades dans le quartier, en charmante compagnie, pour faire un peu de shopping et ainsi préparer la prochaine expédition du sac. La confiserie du coin lui a fourni des gourmandises locales. Ensuite, à la librairie située juste à côté, elle a craqué pour un roman de Karen Vinot, *Crampe à l'hippocampe* et pour un passionnant cahier consacré au Lâcher Prise. Voilà qui devrait faire bien plaisir à Marie. C'est reparti pour 231 kilomètres.

15 mars Marie & Nelly

— Bonsoir Nelly, j'ai tardé à te contacter car cela fait trois jours que je suis couchée avec une grosse fièvre. Ce soir, j'ai mal à la tête mais cela va un peu mieux, j'en ai profité pour me connecter. J'ai bien reçu le sac-à-cadeaux du carnet. Isabella m'a offert de beaux cadeaux. Peux-tu la remercier pour moi et me dire à qui je devrai l'envoyer ensuite s'il te plaît ?

— Oh ma pauvre, j'espère que tu vas vite retrouver la santé et la forme. Merci en tous cas pour ce message, malgré la fatigue, c'est très gentil à toi. J'espère que le carnet va t'inspirer.

— Le carnet, pas trop, même s'il est très joli. Par contre, j'aime beaucoup le cahier et le roman devrait me plaire aussi. J'espère bien le commencer dès que j'aurai recouvré la force de bouquiner. J'adore aussi le nom brodé sur le sac-à-cadeaux. C'est de la broderie faite à la main ?

— Oui c'est du point du croix. C'est assez simple à réaliser et très créatif.

— Bravo c'est très joli ! Je n'ai déjà plus d'énergie, je vais retourner au lit. Tu me diras à qui je dois envoyer le sac STP ? Bonne nuit. Bisous

— Oui d'accord, je te dis ça demain. Soigne-toi bien. Good night ! Bises

16 mars Nelly & Isabella

— Hello Isabella, j'ai un message pour toi de la part de Marie. Elle est malade et elle dort beaucoup. Elle ne peut pas trop se connecter. Elle te remercie pour les cadeaux. Elle aime beaucoup le cahier et le livre que tu lui as offert.

— Merci Nelly. Je me demandais si le paquet était bien arrivé. Me voici rassurée. J'espère que ce n'est pas trop sévère et que la livraison de cadeaux lui a apporté du réconfort.

— Apparemment, elle a juste de la fièvre et mal à la tête. Peut-être un air de grippe ? Merci en tous cas de l'avoir bien choyée, c'était le bon moment. Et toi, comment vas-tu ? Et ton voisin ? Toujours aussi charmant ?

— Grave. Nous nous voyons tous les jours ! Il est adorable. Je crois que je suis accro et il se pourrait bien que lui aussi. Une fois de plus, je me lance à corps perdu dans cette histoire, j'espère tout bonnement ne pas souffrir encore une fois. Je suis incorrigible...

— C'est une excellente nouvelle. Si tu te sens bien auprès de lui et que c'est réciproque, cela a une chance de se transformer en belle et longue histoire d'amour, tu ne crois pas ?

— Grave, je l'espère.

— Moi aussi, je te le souhaite. Profite bien. Bisous à tous les deux.

16 mars De Nelly à Marie

— Hello Marie, j'espère que tu vas mieux. Je viens d'envoyer le message à Isabella. C'est Nausicaa qui s'est inscrite juste après toi pour recevoir ce sac. Je te donne son adresse ci-dessous pour te simplifier la tâche. Tiens-moi au courant dès que tu auras procédé à l'expédition STP. Repose-toi bien. À bientôt. Nelly.

12 avril Marie & Nelly

— Coucou Nelly, je suis désolée pour le retard. Le colis pour Nausicaa est enfin parti. Il est peut-être même déjà arrivé chez elle.

— Merci Marie, il faut dire que cette fièvre t'avait bien assommée. Est-ce que tu es complètement rétablie ?

— Oui, cette grippe est aux oubliettes maintenant. Pour tout te dire, cela fait une semaine que j'ai confié le colis à mon mari, car il travaille en face de La Poste. Depuis huit jours, il le promène dans sa voiture, et il revient avec. Il a tellement la pression à son boulot qu'il oublie d'aller à La Poste. Quand il s'en rend compte le soir, il est trop tard, le guichet est fermé. Il n'avait même pas osé me le dire.

— Mince, comment as-tu fait finalement ?

— Aujourd'hui, je lui ai envoyé un SMS en pleine matinée et il y est allé immédiatement. Il m'a répondu un quart d'heure plus tard « mission accomplie ma puce ».

— Ouf ! Merci Monsieur. Tu devrais peut-être lui prêter ton cahier de lâcher prise pour l'aider à libérer la pression ?

— C'est exactement ce que je viens de faire. Je l'ai posé sur sa table de nuit. Il le verra ce soir. J'espère qu'il ne va pas se braquer et qu'il acceptera d'y jeter un coup d'œil, car c'est rempli d'astuces dont il aurait bien besoin. Je m'inquiète pour lui, il travaille trop.

— Bien joué Marie. Si ça marche, ce sera « le sac qui changeait la vie de votre mari » !

— Tout à fait ! Au fait, j'ai observé attentivement la façon dont était brodé le nom du sac, ainsi que les motifs brodés dans le carnet. J'adore ! Je n'ai jamais essayé mais j'aimerais bien tenter la broderie au point de croix moi aussi.

— C'est une excellente idée. Tu peux faire beaucoup de motifs avec ce point, et c'est assez facile.

— Sais-tu comment je pourrais m'y prendre pour un essai ?

— Le plus simple serait d'acheter un petit kit complet qui contient la toile, le fil, l'aiguille, le motif et le mode d'emploi. Tu pourras trouver ça facilement dans une mercerie ou un magasin de loisirs créatifs.

— Ah oui, OK je vois. Je vais me programmer une sortie shopping avec ma fille et je te montrerai le résultat si j'arrive à me débrouiller.

— D'accord, tu m'en diras des nouvelles ! Bonne journée. Bisous.

13 avril, Jeanine prend des nouvelles d'Yvette

— Salut Yvette, comment va ? T'es où ?

— Tu ne devineras jamais !

— Ben non… Je n'en sais rien.

— C'est l'avantage des nomades, tu vois.

— Bon, tu me le dis ? Ou tu as décidé de torturer ma curiosité ?

— Nous sommes au bout du monde.

— Comment ça ?

— Oui nous visitons le Finistère, c'est la fin de la terre.

— Ah d'accord ! Ce doit être très beau par-là ?

— Oui, heureusement que nous avons notre petite voiture électrique pour nous faufiler partout. Nous avons vu Brest, la presqu'île de Crozon, Quimper, Concarneau et nous faisons une escale à Riec-sur-Belon. C'est charmant, même sous la pluie. Hier soir, nous sommes allés nous régaler à la crêperie du village, c'était romantique et délicieux.

— Oh la gourmande !

— J'avoue que nous avons un peu abusé, mais comment résister ? Ne t'inquiète pas, nous avons loué des vélos pour le reste de la semaine. Nous allons rapidement perdre ces calories.

— Du cyclisme en plus de l'escalade, quelle athlète cette Yvette !

— Pfff tu parles… Et toi, comment vas-tu, Jeanine ?

— La routine. Je fais pas mal de couture, mais toujours les mêmes choses, cela m'ennuie un peu. De ce fait, je cuisine un peu plus, je tente des nouvelles recettes. Alain est mon testeur privilégié.

— Alors, il apprécie ?

— Pas toujours, mais la plupart du temps il approuve. Quand il adore un plat, il pense qu'il va en profiter une seconde fois, mais pas du tout, j'essaie autre chose. Il se fait avoir à chaque fois, il me fait bien rire. C'est la technique du plat unique.

— Pauvre Alain…

— Ne te fais pas de soucis pour lui, il y trouve son compte au final. Tu as vu sur le blog, c'est bientôt mon tour pour le sac !

— En vérité, nous sommes tellement occupés à sillonner la Bretagne que je vais seulement sur internet pour repérer les lieux incontournables, les marchés et lire les informations locales. Tu vas bientôt recevoir le carnet ?

— Oui, tout à fait, c'est Nausicaa qui va me le faire parvenir. Ce sera le sixième voyage.

— Déjà ! Que ça passe vite !

— Oui, d'ailleurs, vous aussi, vous avez déjà fait pas mal de kilomètres.

— C'est sûr. C'est effectivement une belle aventure avec mon François.

— Cha ba da ba da

— Tu te moques ?

— Oh non, Yvette, je suis très heureuse pour toi.

— À qui devras-tu envoyer le sac ensuite ?

— Ce sera pour Michelle. C'est vrai que tu me sembles complètement déconnectée.

— Ah ça fait du bien de temps en temps. Cela fait d'ailleurs partie des conseils du carnet.

— Oui bon, tu ne m'oublies pas pour autant, ma copine ?

— Aucun risque, d'ailleurs, je t'ai posté une carte postale hier, avec de belles photos de paysages. Ainsi, tu pourras visiter le bout du monde aussi. Je te quitte pour aujourd'hui car ma bicyclette est prête à partir.

— La météo est favorable ?

— Oui, soleil pour toute la semaine. Il ne fait pas très chaud mais en pédalant, ça devrait aller, car ce ne sont pas des vélos électriques. Allez hop, j'y vais ! Bisous

— À bientôt Yvette, bonne balade et bonjour à ton homme !

29 avril, Nausicaa & Nelly

— Bonjour Nelly

— Hello Nausicaa, ça va ?

— Oui. Enfin, oui et non.

— Que se passe-t-il ?

— C'est à propos du sac-à-cadeaux qui changeait la vie.

— J'ai vu que tu l'avais bien reçu et Jeanine t'a contactée pour te donner son adresse. Au fait, peux-tu m'indiquer le nombre de kilomètres noté sur la fiche ?

— Euh non, je ne peux pas. Du coup, maintenant j'ai deux problèmes au lieu d'un.

— Ah bon ? Mais lesquels ?

— Non seulement je ne peux pas te répondre pour les kilomètres car j'ai déjà scotché le colis, qui est prêt à partir mais en plus, je ne peux pas l'expédier.

— Ne t'en fais pas pour les chiffres, je demanderai à Michelle. Mais pourquoi tu ne peux pas l'envoyer ?

— J'ai tenté d'aller à La Poste mais c'était fermé. Les horaires d'ouverture sont plus courts que mes horaires de travail. Mes prochains jours de congés sont en août. Je suis à la recherche d'une solution. Ma voisine est retraitée, elle est disponible mais n'a pas le permis et à pied, le bureau de poste est trop loin. C'est la montagne ici.

— Tu n'envoies pas le colis via ta boîte aux lettres ?

— Comment ça ?

— J'ai le même souci que toi avec mes horaires. De ce fait, je place mon colis dans la boîte et c'est le facteur qui vient le chercher le lendemain. C'est un service de La Poste. Il te suffit de te connecter sur le site de La Poste, d'indiquer tes coordonnées, l'adresse de livraison, le poids du colis et le tour est joué.

— Oh mais tu m'intéresses là ! Et l'affranchissement ? Il faut payer par carte bleue ?

— Oui, Carte Bleue, PayPal ou compte bancaire à La Poste. Est-ce que tu as une balance de cuisine pour peser ton colis et une imprimante pour sortir le bordereau ?

— Oui, j'ai tout ce qu'il faut. Je vais essayer ça demain. Je te tiens au courant. Merci pour le tuyau et encore désolée pour les tracas. Si c'est OK, cela va me servir pour d'autres expéditions. Je suis toujours embêtée.

— Normal, c'est le sac qui changeait la vie !

— Ah mais oui ! Il va prendre tout son sens. Merci. À plus.

10 mai Jeanine & Yvette

— Bonjour copine

— Ah Jeanine, ça va ?

— Impec et toi ?

— Moi, non.

— Non ? Que se passe-t-il ? Tu es souffrante ? Tu as le mal du pays ? Tu veux rentrer ? Je te manque trop ?

— Non, c'est le camion.

— Il est en panne ?

— Pas réellement, mais il a tout de même besoin d'une réparation.

— Bizarre autant qu'étrange, cette affaire… Vous avez eu un accident ? Tu n'es pas blessée au moins ? Et François ?

— Tout le monde va bien, ne te tracasse pas. Le truc c'est que le camion a été tagué cette nuit, pendant que nous dormions.

— Tu veux dire qu'il a été décoré ?

— Décoré, hum… Attends une seconde, je m'installe et je t'explique.

Yvette emporte son mug de café dans la chambre et se cale confortablement contre les oreillers, afin de profiter pleinement de la conversation avec son amie.

— Voilà, j'y suis. Oui, décoré, ça dépend des goûts. J'ai déjà vu de très beaux graffitis sur des bâtiments ou même sur des camions. Mais ce coup-ci, ce n'est assurément pas de l'art. En tous cas, ne parle pas de décoration à François, il est écœuré. Il a mis tant de soin à le fabriquer et à le bichonner. Nous sommes allés porter plainte à la gendarmerie pour cette dégradation, car c'est carrément moche.

— J'imagine que pour des tagueurs, une belle et grande surface blanche, ce doit être tentant.

— Oui, on dirait bien. Les graffitis couvrent le côté gauche en entier et un peu l'arrière aussi. François a fait appel à son réseau pour trouver un carrossier qui pourrait refaire la peinture. Ce n'est pas écolo du tout, mais nous ne pouvons pas le laisser dans cet état. Nous avons rendez-vous demain dans un garage vendéen. Nous allons bientôt démarrer. Et toi, ça va Jeanine ? Quoi de neuf ?

— Oui impec. Je t'appelais pour te dire que j'ai reçu ton carnet, qui lui, est très bien décoré. Oups, pardon !

— Je t'enverrai une photo pour que tu te rendes compte des dégâts. Je te promets que tu n'utiliseras plus jamais le verbe « décorer » de ta vie.

— Oui désolée. Je disais donc que ce carnet était très beau et très inspirant.

— Tu l'as reçu de la part de Nausicaa ?

— Oui, il a fait 962 km, il a traversé tout le pays.

— Et les cadeaux ?

— Alors, j'ai reçu le roman de Marilyse Trécourt *Vise la lune et au-delà !,* un autre carnet « my life is beautiful », du chocolat à la pistache et une boîte d'infusions en forme de chat.

— Très bien, tu vois, tu vas pouvoir te mettre à la lecture !

— Oui hum, je n'ai pas encore tout à fait fini le bouquin que tu m'as offert l'année dernière.

— Mais non ? s'étonne Yvette en saisissant sa tasse.

— Si, j'avoue. Tu me pardonnes ?

— Bien sûr, tu plaisantes avec ton pardon. C'est déjà bien d'avoir essayé. On ne peut pas tout faire, tout aimer. Moi, j'adore la lecture et l'informatique, toi, c'est la couture et la cuisine. Ainsi, nous formons une bonne équipe. Si tu ne l'as pas lu d'ici mon retour din ch'Nord, tu me le passeras ce roman, d'accord ?

— Avec plaisir. Devine qui est en train de le lire au moment où je te parle ?

— Qui ? Je ne vois pas. À moins que ce soit Alain, mais ça m'étonnerait. Je ne l'ai jamais vu lire autre chose que le journal.

— Gagné ! Et en plus, il adore, il n'arrive plus à s'arrêter.

— Incroyable !

— Moi, c'est le thé qui m'a intéressée. Il est dans un petit paquet en carton, tout mignon, en forme de chat. Comme tu m'as dit que sur internet on pouvait tout trouver, j'ai cherché. C'est dans le Gers.

— Quoi dans le Gers ?

— Les infusions sont faites dans le Gers par une dame prénommée Caroline, qui est d'origine britannique. Je lui ai même téléphoné pour lui passer une commande. Elle est très accueillante.

— Dis donc, tu ne fais pas les choses à moitié, ma Jeanine !

— Ce n'est pas tout. Elle nous a même invités à venir visiter sa boutique un de ces jours. Le Gers, je ne savais pas trop où c'était. C'est loin. Mais Alain est complètement emballé à l'idée d'y aller pour nos prochaines vacances.

— Génial ! Est-ce que c'est l'effet du carnet ?

— Je n'en sais rien mais, peut-être qu'il est doté d'un charme ?

— Tu as été touchée par la page « J'apprends quelque chose chaque jour », en faisant ces recherches. Quant à Alain, sa réaction correspond à la page « Je lis un peu chaque jour ».

— C'est vrai, c'est troublant.

— Mais oui, d'ailleurs si vous y allez cet été, tiens-moi au courant, nous pourrons sûrement nous y rencontrer car nous devons y être pour fin juillet.

— C'est vrai ? Vous allez y faire quoi ?

— François est inscrit comme chauffeur bénévole à un festival de jazz. Il a un copain, Franck je crois, qui est de là-bas et qui y participe chaque année.

— Oh c'est super, vous y resterez combien de temps ?

— Sans doute au moins un mois, car le festival dure douze jours. Nous pourrons vous héberger si vous voulez.

— Je croyais qu'il n'y avait qu'une chambre dans ton camion ?

— Exact mais la banquette est convertible pour deux personnes.

— Trop fort ! C'est gentil de votre part, j'en parlerai à Alain et je te dirai quoi. À bientôt ! Bisous à tous les deux.

— Je t'embrasse Jeanine, à plus !

22 mai Michelle

Ce sac, ce carnet, quel choc ! Et aussi ce que je lis sur la carte postale de Jeanine :

Chère Michelle, lorsque tu t'es inscrite, tu as noté que tu aimerais recevoir ce sac-à-cadeaux car tu n'as pas beaucoup de temps à y consacrer. « Le fait que le sac ne contienne pas de roman à lire, me permettra de le renvoyer plus vite ». Voilà pourquoi je t'offre mon ancien recueil de recettes « Petits plats pour femmes pressées ». Maintenant, je prends le temps de cuisiner, alors, je n'en ai plus besoin. Il te sera plus utile qu'à moi. Je t'en souhaite bon usage ! Amicalement, Jeanine

Moi ? Pressée ? Mais pourquoi moi plus qu'une autre ? Je me dis toujours que je n'ai le temps de rien. Pourtant mes journées font vingt-quatre heures, comme pour tout le monde. Je crois que j'ai trouvé la clef dans ce carnet. Quasiment chaque phrase me choque, me flanque un coup de massue, des phrases pourtant tellement simples, évidentes, rien que des lapalissades. Je reste assise, immobile pendant de longues minutes, ridicule avec ce carnet à la main. Autour de moi, le bruit et les images de la télé, les notifications du téléphone, les vidéos d'internet me donnent le tournis.

Pourtant, j'ai simplement lu :

« J'exploite au mieux chaque instant qui passe »

« Je fais une seule chose à la fois »

« Je vis pleinement l'instant présent »

« J'éteins la télé, le téléphone, internet »

« J'essaie une nouvelle activité »

« Je réfléchis à ma définition du bonheur ».

Je lis et relis ces cinq préceptes en boucle, tout ce que je ne fais pas, tout ce que je ne suis pas. Pourtant ce sont des clichés. Je referme le carnet, je le dépose délicatement sur la table et méthodiquement j'éteins la télé en émettant un long soupir de soulagement, je coupe le son du téléphone et j'éteins la tablette. Ouf ! un peu de calme. J'étais au beau milieu d'un énième épisode d'une série sur Netflix. Quelle importance ? Je ne veux plus être une femme pressée. Une chose à la fois. Je vais maintenant prendre le temps de découvrir les cadeaux de Jeanine. Je déballe lentement : des biscuits, un minuteur de cuisine en forme de coccinelle, un carnet de projets, et le fameux livre de recettes, que je prends le temps de feuilleter, en salivant devant les photos des petits plats.

Que vais-je faire d'un carnet de projets ? Je n'en ai aucun. Pas le temps. Ah si ! je vais y noter : éteindre la télé. Je coche : check, puis je le referme. Profitant du silence, j'y réfléchis, je m'empare à nouveau du calepin et j'ajoute :

- ne pas rallumer la télé,

- me désabonner aux jeux sur le téléphone,

- arrêter de répondre à Vincent, (ses appels et ses messages me contrarient toujours)

C'est tout ?

- faire une recette du livre de Jeanine

- aller au marché pour dénicher des cadeaux pour Ririne

- envoyer le sac-à-cadeaux à Ririne

- faire du tri dans ma penderie

- écrire une carte postale à Jeanine pour la remercier

- écrire plus de cartes et moins de textos

Finalement, j'ai plein d'idées, plus j'écris et plus je pense à des choses que j'aimerais faire. J'ai toujours rêvé de devenir peintre et d'apprendre le piano. J'ai la sensation que le temps s'est arrêté et que je m'autorise enfin à penser à moi. Je crois que ce carnet va m'être très utile. Merci Jeanine.

6 juin Yvette et Jeanine

— Bonjour Jeanine, devine, j'ai une grande nouvelle à t'annoncer !

— Tu es enceinte ?

— Arrête tes bêtises, c'est sérieux. En fait, tu as presque trouvé.

— Tu as passé ton permis poids lourd ?

— Mais non, tu le fais exprès ?

— Tu me réveilles, je n'ai pas les idées claires.

— Oh pardon, tu dormais ? C'est vrai qu'il est tôt mais j'avais hâte de t'appeler. Bon, je t'aide : c'est une nouvelle d'Australie.

— Le bébé ?

— Oui ! il est né cette nuit. Je te lis le message :

Kaylee & Matt ont la joie de vous annoncer

La venue au monde du petit kangourou.

Luca est arrivé le 6 juin.

Il se porte à merveille et fait de nous des parents comblés.

— En effet, c'est une grande nouvelle. Je suis très contente pour toi. C'est cool, je vais pouvoir t'appeler « Mamie Yvette ».

— C'est tout ce que tu trouves à dire ?

— Non, ce n'est pas tout. Tu pars quand pour embrasser ce petit trésor ?

— Pas pour l'instant, mais c'est vrai qu'il va falloir organiser le voyage, je n'ai même pas de passeport.

— François va s'occuper de tout ça, il a l'habitude.

— Nous attendons de le découvrir en webcam dans quelques jours. Nous les laissons tranquilles pour le moment.

— Tu me montreras une photo ?

— Naturellement.

— Merci Yvette pour cette grande nouvelle, je retourne me coucher car toutes ces émotions m'ont épuisée.

—Hihi, désolée pour ta grasse matinée. Bisous.

— Bisous, Mamie.

Le carnet poursuit sa route…

15 juin Ririne & Michelle

— Coucou Michelle, j'ai bien reçu ton colis mais je ne comprends pas.

— Bonjour Ririne, que ne comprends-tu pas ?

— Eh bien, j'ai reçu le carnet qui changeait la vie, et des cadeaux mais en principe, je crois que j'aurais dû recevoir un sac en tissu, non ? Le sac n°520 ?

— Oui bien sûr.

— Mais où est-il ?

— Il n'est pas dans le colis ?

— Non, pas du tout.

— Mince, j'y suis ! Je l'ai oublié, il est là, sous ma pile de linge ! Je suis en plein tri. Mais comment ai-je pu t'envoyer tes cadeaux sans le sac ? Sérieusement, c'est trop fort ça ! Mais quelle quiche !

— Tu l'as dit ! J'en pleure de rire.

— Moi aussi ! Hihi

— C'est vraiment trop drôle. En plus, tu m'as super bien gâtée : ta carte est adorable, les guirlandes pour décorer les chambres de mes enfants sont très jolies (ma princesse adore déjà et s'est extasiée devant à peine déballées !), des petits cœurs pleins d'amour, des sablés délicieux, des sachets de thé originaux et un kit créatif pour crocheter un petit chat. En résumé, tu as fait mouche, tout nous plaît !

— Je suis ravie de t'avoir fait autant plaisir. J'espère aussi que le carnet va te faire autant d'effet qu'à moi, car il a carrément chamboulé mon quotidien. Pour le sac, je te l'envoie demain. Tu recevras même encore un cadeau qui était déjà placé dedans. Désolée pour cette erreur mais ce carnet m'a fortement perturbée.

— Perturbée ? Il n'est pas dangereux au moins ?

— Oh non, les perturbations vont dans le bon sens, c'est ce qui est génial.

— OK encore mille mercis pour tous ces trésors Michelle, et pour ce fou rire !

— D'accord, je m'occupe tout de suite de te préparer l'envoi. À bientôt. Grosses bises, ainsi qu'aux enfants.

—Oui, je t'informe dès que je le reçois. Bisous.

28 juin

Huit voyages, 5246 kilomètres, de jolis cadeaux et des vies qui changent. Vous voulez sans doute savoir si Manon a craqué pour une cigarette ? Je vais vous le dire car je lui ai posé la question. Eh bien, non, elle n'a pas replongé, mais ce n'est pas aussi simple qu'elle le pensait. Pourtant, malgré les tentations, l'envie permanente, les sensations de nervosité, elle n'a pas cédé. Mais Manon est-elle définitivement devenue non-fumeuse, comme elle l'a décidé le jour où elle a ouvert le carnet ? Ce n'est pas sûr. Elle avait commencé à fumer en cachette à l'âge de seize ans, et même si pour l'instant elle est satisfaite d'avoir enfin coché cette case sur sa to-do-list, elle ne se sent pas totalement libérée de cette addiction. Son impression est qu'elle pourrait refumer un jour ou l'autre, peut-être quand elle aura soixante-dix ans. Mais pour l'heure, elle est tellement enchantée et fière de sa prouesse, qu'elle a ouvert tout spécialement un compte Instagram pour essayer d'aider les autres à faire de même. Elle publie des vidéos pour partager son expérience, expliquer le plaisir de redécouvrir le goût des aliments, l'amélioration de la confiance en soi, le bouleversement de sa personnalité, les différentes techniques possibles pour arrêter, etc.

Maintenant, je suppose que vous brûlez d'impatience d'avoir des nouvelles d'Isabella ? Désolée, je ne peux rien vous dire, c'est confidentiel.

Par contre, voici des nouvelles de Marie. Elle a découvert la broderie, en même temps que sa fille, une petite choupette de six ans. Pendant que la maman s'est lancée dans la confection d'un abécédaire, la petite a terminé son petit kit dauphin, avec beaucoup de soin et de réussite. Elle est impatiente, car demain, elle va l'offrir à sa maîtresse. Mais ce n'est pas tout ! Pendant que ces dames apprivoisent le point de croix, le papa a lui aussi pris une décision. En potassant le cahier du lâcher-prise, il a réalisé qu'il était au bord du burn-out : il travaille trop, se sent toujours fatigué, dort mal, manque de motivation et de plus en plus souvent ne parvient pas à sortir de son lit le matin pour aller bosser. Il a même bien maigri durant ces derniers mois et, le plus désagréable pour son entourage, il se met en colère facilement, pour un oui ou pour un non. La découverte du lâcher-prise lui a enfin fait prendre conscience de son état. Plutôt que de changer de job, il a pris rendez-vous avec son chef de service et la DRH pour en parler, et chercher des solutions pour recouvrer l'équilibre et la performance de ses débuts. Il est sur la bonne voie, et rentre déjà plus tôt du travail, chaque soir. C'est encore difficile, mais c'est mieux, aussi bien pour lui, que pour toute la famille.

Je peux vous raconter aussi que Nausicaa s'est inscrite à de nombreux autres voyages de sac-à-cadeaux, depuis qu'elle a adopté l'envoi des colis via sa boîte aux lettres.

Quoi d'autre ? Ah oui, la télé est toujours à l'arrêt, chez Michelle, pour son plus grand soulagement. Cela vous fait certainement plaisir pour elle mais je me demande si ce qui vous intéresse davantage, ce n'est pas la vie d'Isabella ?

Mais non, ce n'est pas confidentiel ! Je vais vous le dire : Thomas a adoré le Gounelle et il l'a rendu à sa charmante voisine Isabella. Voilà. Ce n'est pas le gros scoop de l'année auquel vous vous attendiez ? Pourtant, c'est important de rendre un objet que l'on vous a prêté. C'est la moindre des choses. C'est honnête.

Allez, cessons de tergiverser, car moi aussi j'ai hâte de partager cette bonne nouvelle. Le bonheur, ça se partage, en particulier avec les gens bienveillants. Isabella est radieuse et grave amoureuse de Thomas. Il s'agit là d'une merveilleuse love story. Ils ne se quittent plus et commencent à se demander s'il est utile de garder deux appartements alors qu'un seul leur suffirait. Ils sont ensemble depuis trois mois et ont l'impression de se connaître depuis des années. C'est l'amour, tout simplement. Cela valait le coup de vous faire attendre, non ?

D'ailleurs, puisqu'on en est à parler d'amour, j'ai une autre nouvelle à vous annoncer : le divorce d'Yvette et Michel a été prononcé. Ce n'était plus qu'une formalité, mais elle permet à nos deux protagonistes de retrouver leur indépendance. Pour le plus grand soulagement de leur fils Matt, ils gardent un contact amical, presque fraternel, après une vie de famille qui leur a laissé, malgré tout, un grand nombre de bons souvenirs.

Pour ce qui est de notre sac-à-cadeaux, Ririne vient tout juste de l'expédier à Adèle. Elle lui a offert son premier ouvrage brodé : son initiale A, entourée de jolies fleurs et de petits cœurs. Elle a ajouté un mug, une paire de boucles d'oreille artisanales et le livre de Didier Hermand, *Une seconde chance*. Mais, deux semaines plus tard, toujours aucune nouvelle d'Adèle. A-t-elle bien reçu ce sac ? Il va falloir mener l'enquête…

12 juillet Nelly & Adèle

— Hello Adèle, j'espère que tu vas bien. J'aimerais savoir si tu as bien reçu le sac n°520, de la part de Ririne.

Pas de réponse.

15 juillet Nelly & Adèle

— Bonjour Adèle, peux-tu me donner des nouvelles STP ?

— Bonjour Madame, c'est Corentin. Ma mère est à l'hôpital, pour un bout de temps. C'est assez grave. Elle s'excuse pour le sac en tissu. Je dois voir avec vous comment faire.

— Oh là là, j'espère qu'elle a le moral et que sa guérison est en cours. Pouvez-vous lui transmettre tous mes vœux de bon rétablissement et de santé, SVP ?

— Ce sera fait. En vrai, le docteur dit qu'elle devrait être sur pieds dans quelques mois.

— C'est plutôt rassurant, tant mieux.

— J'avoue. Et pour le sac ?

— Le plus simple est que vous me fassiez parvenir le sac avec seulement le carnet et la fiche de suivi qui se trouve dans la poche, et je me chargerai de le faire suivre à la prochaine personne inscrite. Voici mon adresse.

— Allez go, je gère. Je ne vais jamais à La Poste, mais je relève le défi, cela fera plaisir à ma mère.

— D'accord, je vous remercie, Corentin. Au guichet de La Poste, vous pourrez demander une enveloppe prête à poster, du bon format. Ce ne sera pas compliqué.

— Oki OKLM, je vais gérer, ne vous inquiétez pas.

— OKLM ?

— Oe, au calme.

— Voilà, au calme, c'est très bien. Merci beaucoup en tous cas. Bonne journée.

— De rien, salut.

24 juillet Festival de jazz, Gers

Quelle joie pour Jeanine et Yvette de se revoir après ces six mois de séparation ! Elles ressemblent à deux collégiennes qui se retrouvent à la rentrée des classes après deux mois de vacances et qui ont des tas de choses à se raconter.

Pour remercier son amie de son hospitalité camionesque, Jeanine lui a apporté quelques présents. La mésaventure des graffitis sur la carrosserie lui a donné une idée. Elle lui a offert le roman d'Emilie Riger, *Top to bottom*, pour lui faire découvrir le côté artistique des graffeurs, au travers d'une histoire d'amour. François a fait semblant de se vexer, c'était trop marrant. Le peintre vendéen a fait du bon boulot, tous les traits ont disparu.

C'est une chance pour Yvette d'avoir de la compagnie pendant que François travaille au festival. Avec ses invités, elle va pouvoir profiter des concerts de jazz, visiter la région, sans oublier, une dégustation de thé chez Caroline.

30 juillet Ririne & Nelly

— Coucou Nelly, à l'occasion, pourrais-tu m'indiquer comment confectionner un sac-à-cadeaux STP ? Je tente de faire ami-ami avec ma machine à coudre...

— Bien sûr, c'est un tuto en quatre épisodes sur le blog. Tu me diras quel nom de sac tu as choisi, pour que je le valide et que je te donne le numéro correspondant, d'accord ?

— Oui, mais tu as le temps, j'en suis très très loin. Je viens juste de déballer ma machine à coudre après quasiment un an dans son carton et je tente de l'apprivoiser. J'ai déjà réussi à installer mes fils, et maintenant je m'entraîne sur un bout de tissu.

— Oui, tu as raison, il faut un peu s'entraîner sur un vieux drap au début pour prendre la maîtrise de l'appareil.

— C'est ça ! Pas simple...

— Surtout, il faut coudre tout doucement, même point par point.

— Oui, j'ai vu ça.

— Sans appuyer comme un fou sur la pédale

— Ce n'est pas évident à doser au début, mais à force de persévérance, ça va venir. Et je ne suis pas du tout familière avec le langage couture alors cela ne me facilite pas la tâche.

— Le tuto du sac-à-cadeaux, je l'ai conçu pour les débutants, en principe, tu devrais tout comprendre.

— Euh... Oui, oui, en principe !

— En tous cas, si tu as des questions, n'hésite surtout pas, OK ? Je t'indique les différentes étapes ci-dessous, avec des dessins explicatifs.

— D'accord, merci Nelly, je te tiens au courant.

— Bonne couture et à bientôt. Bisous

— Bisous.

Première étape : la préparation du matériel

Tissu de coton :

- 2 rectangles 35 x 43 cm (côtés du sac)
- 2 rectangles 7 x 43 cm (anses)
- 1 rectangle 26 x 17 cm (poche)

Accessoires :
- 2 rubans de 40 cm de long

* Si tu souhaites broder le nom du sac :

- Toile Aïda : 35 x 8 cm
- coton à broder assorti
- 2 biais de 35 cm de long
- le modèle d'un alphabet à broder au point de croix

* Si tu souhaites écrire le nom du sac :

- un feutre spécial tissu

Et bien sûr du fil (de préférence d'un coloris assorti au tissu), une machine à coudre, du temps, un fer à repasser, de la patience, un mètre, de la volonté, de l'électricité, des ciseaux, de la créativité, une aiguille, de l'assiduité, de la précision...

Découpe du tissu :

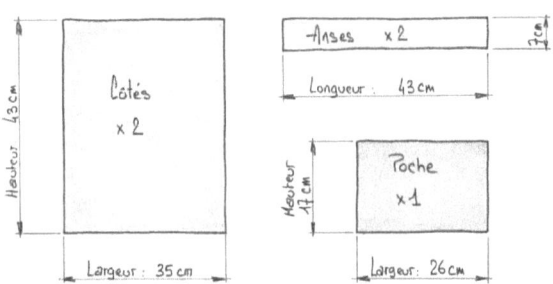

Côtés
x 2

Hauteur : 43 cm

Largeur : 35 cm

Anses   x 2

Longueur :   43 cm

7 cm

Poche
x 1

Hauteur : 17 cm

Largeur : 26 cm

Découpe de la toile aida :

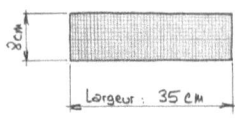

8 cm

Largeur :   35 cm

Découpe des accessoires :

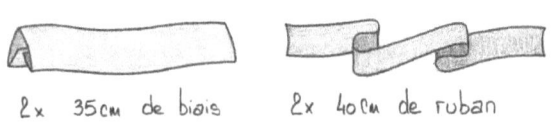

2x   35 cm de biais   2x   40 cm de ruban

Deuxième étape : le nom du sac

Si tu as choisi de broder le nom de ton sac, comme sur la plupart des sacs-à-cadeaux, voici les différentes étapes :

1°) **Centrer la broderie**

Tout d'abord, préparer sur une feuille de brouillon : inscrire les lettres du nom du sac et, d'après l'abécédaire au point de croix choisi, compter le nombre de croix pour chacune des lettres, sans oublier les espaces.

Additionner le nombre de croix et les espaces. Diviser le total par 2.

Plier la bande aïda en 2 dans les deux sens pour déterminer le milieu.

Compter le nombre de cases en reculant vers la gauche pour broder le nom du sac.

n° 503   le   sac   d´Yvette

2°) **Assemblage**

- Coudre une bande de biais de chaque côté de la bande brodée

- Sur l'endroit du devant du sac, placé verticalement, épingler la bande brodée à 15cm du haut. Coudre sur le biais des deux côtés, à 1mm des bords.

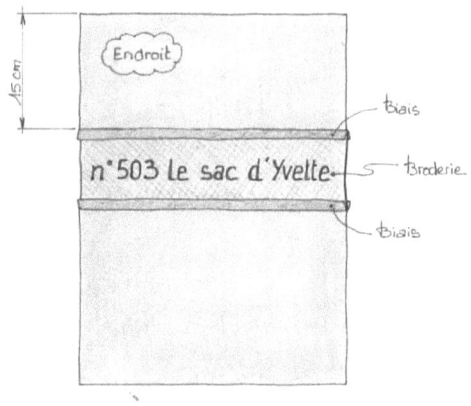

Troisième étape : la poche et les anses

Surfiler la poche et les côtés du sac (point zig-zag tout autour ou à la surjeteuse)

1°) **La poche**

- À l'aide du fer-à-repasser, replier le bord haut de la poche d'1cm (sur les 26cm)

- Insérer l'un des deux rubans sous le pli, au milieu de la poche et le replier au-dessus du pli, vers le haut.

- Épingler le ruban et coudre le haut de la poche à 5mm du bord.

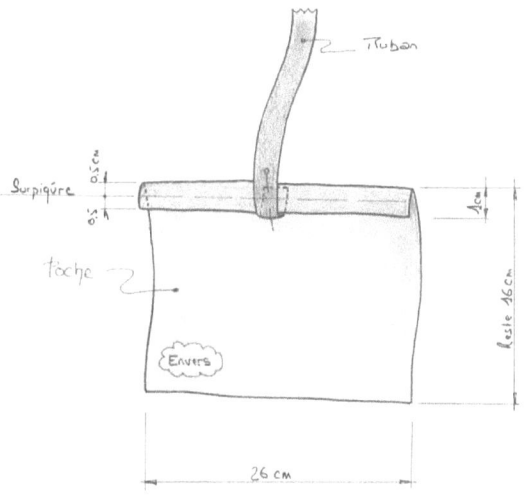

- À l'aide du fer-à-repasser, replier d'1cm les trois autres côtés de la poche.

- Coudre la poche sur l'endroit du tissu : pour cela, épingler la poche sur l'endroit du dos du sac, à 15cm du haut, et centré dans la largeur. Puis coudre les trois côtés de la poche à 2mm du bord.

- Se munir d'une aiguille, faire passer les fils de couture derrière l'ouvrage, nouer avec le fil de la canette et couper à 1cm.

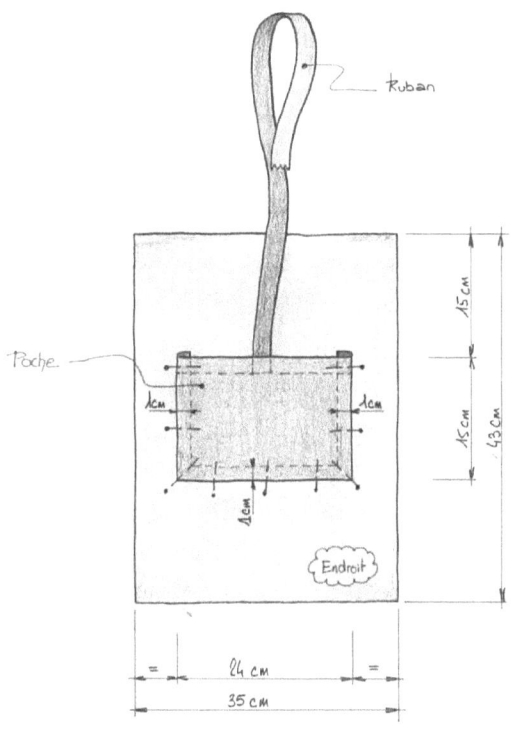

Ruban

Poche.

15 cm

1 cm

15 cm

43 cm

1 cm

1 cm

Endroit

=

24 cm

=

35 cm

2°) **Les anses**

- À l'aide du fer-à-repasser, replier les longueurs des anses à 1cm de chaque côté, puis plier les anses en deux, bord à bord, sur toute la longueur.

- Surpiquer les anses tout autour à 2mm des bords.

Quatrième étape : l'assemblage final

- Positionner les deux côtés du sac, endroit contre endroit, en prenant soin de ranger le ruban dans la poche.

- Épingler les trois côtés du sac (pas le haut) en vérifiant que l'ouverture de la poche est bien dirigée vers le haut.

- Coudre les trois côtés à 1cm des bords (ou à la surjeteuse).

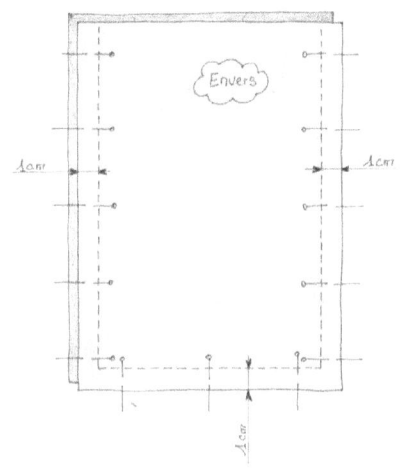

- Retourner le sac sur l'endroit.

- Épingler une anse de chaque côté du sac, à 7cm des bords.

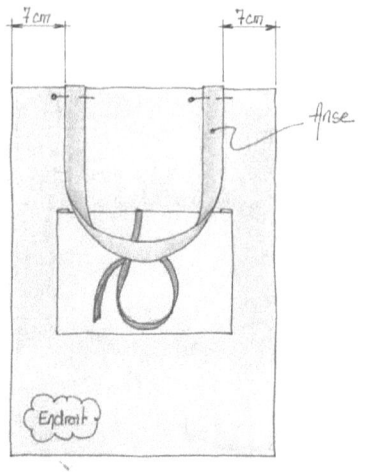

- Épingler le second ruban, en haut, sur le devant, au milieu des anses.

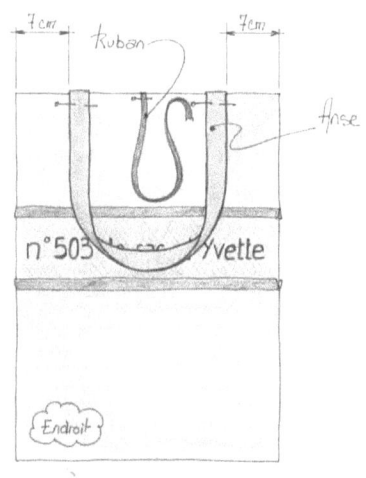

- Vérifier que les anses ne soient pas vrillées.

- Coudre tout autour du haut du sac au point zig-zag (ou à la surjeteuse).

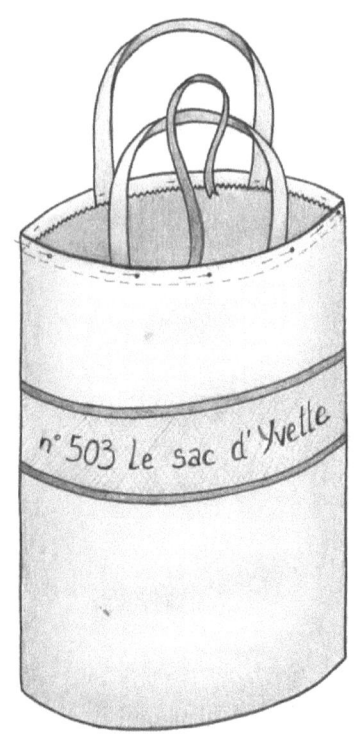

n° 503 le sac d'Yvelle

- Replier le bord haut du sac d'1cm vers l'intérieur, épingler, en plaçant les anses et le ruban vers le haut.

- Coudre tout autour à 5mm du bord (ourlet + anses + ruban).

- Retourner le sac sur l'envers, afin de confectionner les coins, pour former le fond.

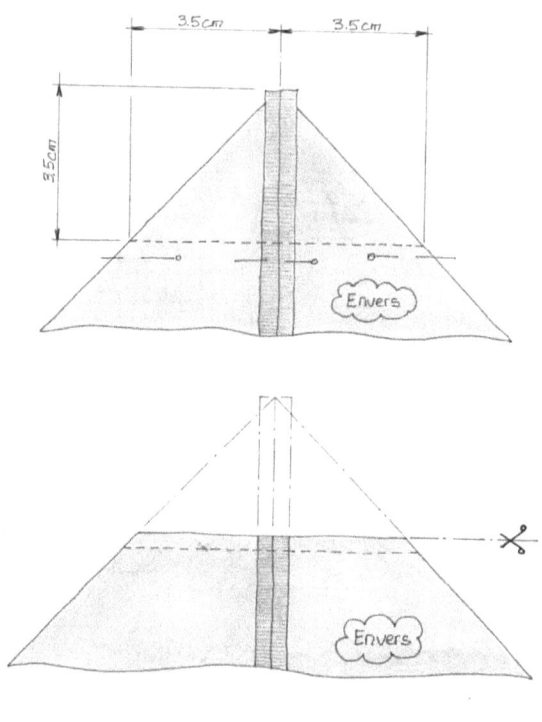

- Sur l'envers, joindre la couture du fond et celle des côtés du sac, de chaque côté.

- Aplatir les angles (coins) en formant un triangle. Tracer au crayon une base de triangle de 7cm à 3.5cm de la pointe du triangle.

- Épingler pour maintenir le pliage pendant la couture des triangles.

- Coudre sur chaque trait au point zig-zag et couper les deux coins (ou à la surjeteuse).

- Nouer les fils et les couper.

- Un petit coup de fer-à-repasser pour finir et il ne restera plus qu'à préparer la fiche de suivi et à l'insérer dans la poche.

N° 520 http://le-voyage-du-sac-a-cadeaux.over-blog.com				
NOM expéditeur	LIEU expéditeur	NOM Destinataire	LIEU Destinataire	Nombre KM
Nelly	Pas-De-Calais	Manon	Haute-Garonne	898
Manon	Haute-Garonne	Denise	Haute-Loire	389
Denise	Haute-Loire	Isabella	Paris	601
Isabella	Paris	Marie	Nord	230
Marie	Nord	Nausicaa	Gard	908
Nausicaa	Gard	Jeanine	Pas-De-Calais	962
Jeanine	Pas-De-Calais	Michelle	Haute-Saône	525
Michelle	Haute-Saône	Ririne	Ile-et-Vilaine	732
Ririne	Ile-et-Vilaine	Adèle	Aisne	461
Adèle	Aisne	Nelly	Pas-De-Calais	214
Nelly	Pas-De-Calais	Mélissa	Gard	949

2 août dans le Gers

Pendant qu'Alain s'occupe du barbecue, les deux amies s'installent avec un jus de tomate bien frais devant l'ordinateur. Après avoir admiré des dizaines de photos du petit Luca, qui a déjà bien grandi, elles se connectent au blog.

— Allons-y, Jeanine, voyons si le sac a bougé et si le carnet a encore fait des siennes.

— Regarde, il est arrivé chez Mélissa. J'adore découvrir les différents cadeaux à chaque livraison.

— Tiens, elle a reçu le Miracle Morning, c'est le livre préféré de François. C'est Nelly qui le lui a envoyé car Adèle est hospitalisée.

— Ah bon ? Qu'est-ce qu'elle a ?

— Je n'en sais rien mais il paraît qu'elle a besoin de soins pendant plusieurs mois. Tu la connais ?

— Non mais c'est triste. J'espère qu'elle va vite guérir et qu'elle pourra participer à nouveau.

— Tout à fait. Mélissa a fait un long message pour expliquer l'effet que lui a fait la lecture du carnet, additionnée aux conseils de Hal Elrod. Apparemment, cela a déclenché sa décision de changer de boulot.

« En feuilletant ce joli carnet, je me suis arrêtée sur la phrase : '' je change de job ''. J'y pense depuis des mois, j'ai déjà fait des recherches, trouvé une formation, le financement, il ne me reste plus qu'à me jeter à l'eau. Cette fois-ci, c'est parti, je me lance. Le travail de puéricultrice ne me convient plus. Ce qui m'intéresse depuis toujours, c'est d'aider les autres ou de les soigner. Je n'ai pas pu faire d'études de médecine mais des années plus tard, j'ai trouvé ma voie. Je viens d'entreprendre les démarches pour pratiquer l'aromathérapie. Je teste déjà les huiles essentielles sur moi et sur mes proches depuis des années, et je vais en faire mon métier.

Merci joli carnet ! »

— Dis donc, la liste d'inscription s'est rudement allongée. La prochaine à le recevoir, c'est Marikafée et ensuite, Sarah, Béatrice, Chantal, Bénédicte, Amélia, Lydie, Corinne, Céline, Alice, Floriane, Charlène, Mychèle, Fabienne, Audrey, Korri, Nath, Isabelle, Josiane, Patricia, ça en fait des cadeaux et des changements de vie.

— Si ce carnet pouvait apporter du bonheur à toutes ces personnes, ce serait merveilleux.

— Jusqu'à présent, c'est le cas, je ne vois aucune raison que ça change. Il suffit peut-être tout simplement d'y croire ?

21 août Thomas & Nelly

Chère Nelly,

Je me permets de vous contacter dans le cadre de mon activité professionnelle. J'ai eu la chance de découvrir le concept très original du voyage du sac-à-cadeaux grâce à Isabella. Ensemble, nous avons suivi assidûment les aventures du sac qui changeait la vie. Comme vous le savez, nous lui devons notre rencontre ! Cette soirée inoubliable fut digne d'une comédie romantique à grand succès. Depuis ce jour-là, ce thème inédit me trotte dans la tête et l'idée de le scénariser a fini par surgir de mon imagination.

J'aimerais donc vous soumettre un scénario en deux épisodes de 52 minutes. Vous trouverez le pitch en pièce jointe. Jusqu'à présent j'ai surtout travaillé sur des scénarios de polars et de thrillers mais je pense avoir été bien inspiré. En effet, les thèmes des réseaux sociaux, des loisirs créatifs et du développement personnel ont le vent en poupe. L'intention serait de distraire les gens, tout en les faisant réfléchir sur leur propre définition du bonheur, avec bien sûr juste un peu de suspense pour tenir le téléspectateur en haleine. La concurrence est rude et ce sujet qui sort des sentiers battus, inconnu du grand public, pourrait bien rencontrer le succès.

Au cas où vous seriez partante, l'idéal serait que je puisse recevoir le sac à nouveau afin de disposer d'un élément concret lors de la présentation du scénario à mes partenaires.

Dans l'attente de votre réponse, je vous souhaite une bonne soirée.

Thomas Rivière

22 août Nelly & Marikafée

— Hello Marika

— Salut Nelly, je sais pourquoi tu m'appelles. Désolée, j'ai bien reçu le sac mais je n'ai pas encore eu le temps de faire l'article sur mon blog. Pourtant, j'ai fait les photos. J'ai la rentrée à préparer et c'est déjà la course.

— Ce n'est pas la raison de mon appel, enfin si, mais c'est pire.

— Pire ? Comment ça ?

— On va passer à la télé.

— À la télé ? Au JT ? Qui toi ? Qu'est-ce que t'as fait ?

— Non pas moi, nous, enfin pas nous, les sacs-à-cadeaux.

— Un reportage sur les loisirs créatifs ?

— Perdu, c'est beaucoup plus grave, tu n'imagines pas, une série télé !

— Trop stylé ! Tu es hyper énervée, je ne t'ai jamais entendue dans cet état-là. Explique-moi tout, calme-toi.

— Un mail… hier… Thomas… le scénariste… Deux épisodes… Je ne sais pas quoi lui répondre.

— Je te fais confiance, tu vas sans doute prendre la bonne décision, quand tu seras calmée.

— Il a besoin du sac 520 comme pièce à conviction, mais je ne peux pas lui envoyer avant au moins un an. La liste d'inscription est longue.

— Il suffirait de lui faire faire une interruption ?

— Ce serait beaucoup trop long.

— Ou alors, lui envoyer un fac-similé du sac ?

— Euh oui, c'est possible, mais pour le carnet ?

— Si tu veux, je peux faire une copie du carnet. Même s'il ne sera pas tout à fait pareil, je reprends les mêmes phrases, un peu la même déco, dans le style de mon Art Journal.

— Mais oui, ce serait la solution !

— Voilà, pendant que tu fais le sac, je fais le carnet, ainsi nous irons plus vite.

— Génial, tu me sauves, Marika. Il me reste du tissu identique. Je vais broder seulement le nom, sans le numéro, pour le différencier de l'original. Je vais m'y mettre dès ce soir.

— Moi, ce soir, je ne peux pas, j'ai piscine, mais demain après-midi j'essaierai de commencer. Je te tiens au jus. Au fait, y aura qui comme acteur ? Guillaume Canet ?

— Je commençais juste à me calmer. C'est malin. Merci pour ton aide. À très vite. Bisous.

— J'ai oublié de te dire : félicitations ! Bisous.

Je voulais simplement te dire…

J'aime bien, lorsqu'à la fin d'un film ou d'un livre, l'auteur nous révèle ce que sont devenus les personnages quelques mois ou quelques années après, pas vous ?

Vous savez déjà qu'Isabella et Thomas filent le parfait amour. Il est d'ailleurs question d'avoir un bébé très prochainement.

Excellente nouvelle pour Manon, plusieurs mois après sa décision radicale, elle n'a pas repris la cigarette. Voilà une bonne chose.

Marie ne se lasse pas de broder : fleurs, animaux, abécédaires, initiales. Elle a même entrepris un calendrier de l'avent pour sa fille : vingt-quatre pochettes brodées avec des motifs de Noël. Son mari a trouvé la solution à sa démotivation professionnelle : il a commencé une formation pour finalement quand même changer d'emploi. Il est très heureux de cette décision et plein d'espoir pour l'avenir.

Jeanine & Alain ont repéré une petite maison dans le Gers. Ils réfléchissent à l'acquérir pour les vacances et pourquoi pas ensuite pour y passer leurs vieux jours au soleil. Leurs amis Yvette & François poursuivent leur route et leurs découvertes à travers la

France. Ils ont reçu des nouvelles de Pascal qui explore le Maroc.

Et Michelle ? Elle a revendu son grand écran de télévision pour le remplacer par un piano droit d'occasion et s'est offert des cours particuliers pour son plus grand bonheur.

Quant à l'adaptation de cette histoire à la télévision, vous voudriez en savoir plus ? Je peux simplement vous dire que… c'est confidentiel ;)

Vous avez un email...

Chère lectrice, cher lecteur,

Yvette a fait très fort avec cette découverte miraculeuse. Nous voici cette fois-ci avec un sac-à-cadeaux, une histoire et un carnet créatif.

Si, comme pour François, ce carnet a éveillé votre curiosité et que vous avez envie de le voir de plus près, vous avez deux possibilités : soit vous inscrire pour recevoir le sac n°520, soit regarder la vidéo sur la chaîne YouTube : « Nelly Le voyage du sac-à-cadeaux ».
À vous la nouvelle vie !

Chers Daniel, Noémie, Clauderose, Benoît, Patrice, Manu, Marikafée, Jean-Jacques, Marie et les lectipotes, Merci beaucoup pour votre aide & votre participation.

Au cours de cette nouvelle, j'ai cité les (excellents) ouvrages suivants :

Celle qui ne pardonnait pas
de Christophe Vasse
Éditions Nouveaux Auteurs

Miracle Morning de Hal Elrod
Éditions Pocket

Face à la mer immense
de Lorraine Fouchet
Éditions Héloïse d'Ormesson

Crampe à l'hippocampe de Karen Vinot
Éditions Librinova

Vise la lune et au-delà ! de Marilyse Trécourt
Éditions Eyrolles

Une seconde chance de Didier Hermand
Éditions Atria

Top to bottom de Emilie Riger
Éditions Hlab Eds

La Dame d'Argile de Christiana Moreau
Éditions Préludes

J'ai adoré tous ces bouquins et j'espère vous avoir donné envie de les lire à votre tour, et de les offrir aussi.

Voici l'adresse du blog :
http://le-voyage-du-sac-a-cadeaux.com.over-blog.com/

Merci beaucoup pour votre attention,
Bonne route !
Nelly

Notes

Références des sacs-à-cadeaux reçus, envoyés, cousus, ou en attente de réception :

N°_____   Date : _____

Nom du sac : _____

Commentaires :

_____

_____

N°_____   Date : _____

Nom du sac : _____

Commentaires :

_____

_____

N°_____   Date : _____

Nom du sac : _____

Commentaires :

_____

_____

N°_____   Date : _____

Nom du sac : _____

Commentaires :

_____

_____

N°_____   Date : _____

Nom du sac : _____

Commentaires :

_____

_____

N°_____   Date : _____

Nom du sac : _____

Commentaires :

_____

_____